# Apabila Saya Bermuram

Sam Sagolski
Ilustrasi oleh Daria Smyslova

www.kidkiddos.com
Copyright ©2025 by KidKiddos Books Ltd.
support@kidkiddos.com

All rights reserved. No part of this book may be reproduced in any form or by any electronic or mechanical means, including information storage and retrieval systems, without written permission from the publisher, except in the case of a reviewer, who may quote brief passages embodied in critical articles or in a review.
First edition, 2025

Translated from English by Najibah Abu Bakar
Terjemahan daripada bahasa Inggeris oleh Najibah Abu Bakar

**Library and Archives Canada Cataloguing in Publication**
When I Am Gloomy (Malay edition)/Shelley Admont
ISBN: 978-1-0497-0258-2 paperback
ISBN: 978-1-0497-0259-9 hardcover
ISBN: 978-1-0497-0260-5 eBook

Please note that the Malay and English versions of the story have been written to be as close as possible. However, in some cases they differ in order to accommodate nuances and fluidity of each language.

**Suatu pagi yang mendung, saya bangun dengan rasa muram.**

**Saya bangun dari katil, membungkus diri saya dalam selimut kegemaran, dan berjalan masuk ke ruang tamu.**

"Ibu!" saya memanggil. "Saya dalam mood tidak baik."

"Ibu mendongak daripada bukunya. "Tidak baik? Kenapa kamu berkata begitu, sayang?" dia bertanya.

"Lihatlah wajah saya!" Saya berkata, menunjuk kepada kening saya yang berkerut. Ibu senyum dengan lembut.

"Saya tidak mempunyai wajah yang gembira hari ini," saya menggumam. "Adakah Ibu masih sayangkan saya apabila saya muram?"

"Sudah tentu Ibu sayang," Ibu berkata. "Apabila kamu muram, Ibu mahu berada dekat dengan kamu, memberi kamu pelukan yang erat, dan menggembirakan kamu."

*Itu menjadikan saya berasa lebih baik, tetapi hanya seketika, kerana kemudian saya mula berfikir tentang semua mood saya yang lain.*

*"Jadi... Ibu masih sayangkan saya apabila saya marah?"*
*Ibu tersenyum lagi. "Sudah tentu Ibu sayang!"*

*"Adakah Ibu pasti?" Saya bertanya, menyilangkan lengan saya.*

*"Walaupun apabila kamu marah, Ibu masih Ibu kamu. Dan Ibu sayangkan kamu sama sahaja."*

Saya mengambil nafas panjang. "Bagaimanakah pula apabila saya malu?" Saya berbisik.

"Ibu sayang kamu apabila kamu malu juga," dia berkata. "Ingat apabila kamu bersembunyi di belakang Ibu dan tidak mahu bercakap dengan jiran baharu?"

Saya mengganggguk. Saya mengingatinya dengan baik.

"*Dan kemudian kamu berkata helo dan mendapat kawan baharu. Ibu sangat bangga dengan kamu.*"

"Adakah Ibu masih sayangkan saya apabila saya bertanya terlalu banyak soalan?" Saya bertanya lagi.

"Apabila kamu bertanya banyak soalan, seperti sekarang, Ibu dapat melihat kamu belajar perkara baharu yang menjadikan kamu lebih pintar dan kuat setiap hari," Ibu menjawab. "Dan ya, Ibu masih sayangkan kamu."

"Bagaimanakah jika saya berasa tidak mahu bercakap langsung?" Saya terus bertanya.

"Mari sini," dia berkata. Saya memanjat ke ribanya dan merehatkan kepala saya pada bahunya.

"Apabila kamu tidak berasa ingin bercakap dan hanya ingin diam, kamu mula menggunakan imaginasi kamu. Ibu suka melihat apa yang kamu cipta," Ibu menjawab.

Kemudian dia berbisik di telinga saya, "Saya juga sayangkan kamu apabila kamu diam."

"Tapi adakah Ibu masih sayangkan saya apabila saya takut?" Saya bertanya.

"Sentiasa," kata Ibu. "Apabila kamu takut, Ibu bantu kamu periksa supaya tiada apa-apa raksasa di bawah katil atau di dalam almari."

Dia mencium saya di atas dahi. "Kamu amat berani, buah hatiku."

"Dan apabila kamu letih," dia menambah dengan lembut, "Ibu akan menyelimuti kamu dengan selimut kamu, membawakan kamu patung beruang kamu, dan menyanyikan kamu lagu istimewa kita."

"Bagaimanakah kalau saya mempunyai tenaga terlalu banyak?" Saya bertanya, sambil bangun melompat.

Dia ketawa. "Apabila kamu penuh bertenaga, kita pergi berbasikal, lompat tali, atau berlari keliling di luar bersama-sama. Ibu suka melakukan semua perkara itu dengan kamu!"

"Tapi adakah Ibu sayangkan saya apabila saya tidak mahu makan brokoli?" Saya menjelirkan lidah saya.

Ibu ketawa kecil. "Seperti masa itu kamu memberikan brokoli kamu kepada Max? Dia amat menyukainya."

"Ibu nampak?" Saya bertanya.

"Sudah tentu Ibu nampak. Dan Ibu masih sayangkan kamu, pada ketika itu."

*Saya berfikir seketika, kemudian bertanya satu soalan terakhir:*

*"Ibu, jika kamu sayangkan saya apabila saya muram atau marah… adakah Ibu masih sayangkan saya apabila saya gembira?"*

*"Oh, buah hati Ibu," dia berkata, memeluk saya lagi, "apabila kamu gembira, Ibu pun gembira juga."*

*Dia mencium saya di atas dahi dan berkata, "Ibu sayangkan kamu apabila kamu gembira sama seperti Ibu sayangkan kamu apabila kamu sedih, atau marah, atau malu, atau letih."*

*Saya mengerekot rapat dan tersenyum. "Jadi… Ibu sayang saya sepanjang masa?" Saya bertanya.*

*"Sepanjang masa," dia berkata. "Setiap mood, setiap hari, Ibu sayang kamu sentiasa."*

*Ketika dia bercakap, saya mula berasakan sesuatu yang hangat dalam hati saya.*

*Saya memandang ke luar dan melihat awam berarak pergi. Langit bertukar biru, dan matahari pun keluar.*

*Nampaknya ia akan menjadi satu hari yang cantik juga akhirnya.*

www.ingramcontent.com/pod-product-compliance
Lightning Source LLC
LaVergne TN
LVHW072111060526
838200LV00061B/4858